COMITÉ DE DÉFENSE ET DE PROGRÈS SOCIAL

Patrie, Devoir, Liberté.

SÉANCE
DU VENDREDI 14 JANVIER 1898

UNE ALLIANCE
CONTRE L'ESPRIT SECTAIRE

PAR

M. CHARLES WAGNER

AU SIÈGE DU COMITÉ

54, RUE DE SEINE, 54

Nº 24. PARIS

PUBLICATIONS DU COMITÉ

1. — Conférences (broch. in-18 à 0 fr. 05).

(V. la suite p. 31.

PUBLICATIONS DU COMITÉ

(Suite.)

2. — Brochures in-18 à 0 fr. 25 (couronnées dans le Concours de 1895-96).

A. La propriété est-elle légitime? par M. ANDRÉ VOYARD.
B. Les adversaires de la propriété, par M. DE SAINT-GENIS, ancien conservateur des hypothèques.
C. Le principe de la propriété, par M. le pasteur MAURICE CONSTANÇON.

3. — Tracts à 1 fr. 50 le cent assortis.

1. La propriété.
2. Histoire d'une casquette.
3. La nationalisation du sol.
4. Le plus coûteux des gouvernements.
5. Mes griefs contre le socialisme, par M. EUG. D'EICHTHAL.
6. Le budget de l'Etat collectiviste, par M. MAURICE BLOCK, de l'Institut.
7. Socialistes : pourquoi pas? par M. PAJOT.
8. La patrie française et l'internationalisme, par M. ANATOLE LEROY-BEAULIEU, de l'Institut.
9. Les citations de M. Jaurès et la véracité des socialistes, par M. PAUL LEROY-BEAULIEU, de l'Institut.
10. Collectivisme agraire et nationalisation, par le même.
11. A l'école de la coopération et à l'école du socialisme, par M. EUG. ROSTAND.
12. Les responsabilités de la presse, par M. ANATOLE LEROY-BEAULIEU, de l'Institut.
13. Criminalité et socialisme, par M. EUGÈNE ROSTAND.
Sous presse : Le Salaire, par M. LEVASSEUR, de l'Institut.

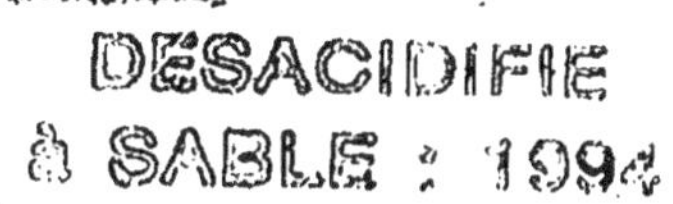

COMITÉ DE DÉFENSE ET DE PROGRÈS SOCIAL

Patrie, Devoir, Liberté.

BULLETIN DE SOUSCRIPTION

Le Comité, sans demander aujourd'hui de cotisation régulière, recevra avec reconnaissance les souscriptions de Vingt francs et au-dessus, afin de couvrir les frais d'organisation et de publication des conférences, tant à Paris qu'en province.

Je soussigné (nom et adresse lisibles) ______________

____

____

mets à la disposition du Comité la somme de ____________

____

jointe au présent bulletin en mandat, bon ou chèque ; **ou bien :** *que le Trésorier pourra faire toucher à mon domicile, à partir du* ________________

____

(DATE ET SIGNATURE)

Adresser les **Bulletins de Souscription** à M. DELAIRE, Secrétaire-Trésorier du Comité, *rue de Seine*, 54, *à Paris.*

PARIS — IMPRIMERIE F. LEVÉ, RUE CASSETTE, 17

SÉANCE DU VENDREDI 14 JANVIER 1898

Présidence de M. A. Leroy-Beaulieu, de l'Institut.

M. le Président, M. Charles Wagner, M. Georges Picot, secrétaire perpétuel de l'Académie des Sciences morales, M. Stourm, de l'Institut, M. A. Delaire et plusieurs membres du Comité prennent place au bureau, au milieu des applaudissements et des cris de : Vive Zola ! — Conspuez Zola ! — A bas les antisémites ! — A bas les Juifs ! — Vivent les cléricaux ! — A bas la calotte ! — Vive la Sociale !

M. LE PRÉSIDENT. — Messieurs...

UN ASSISTANT. — On n'entend pas ! (*Rires.*)

M. LE PRÉSIDENT. — Je vois que beaucoup d'entre vous ne savent pas se soustraire aux préoccupations de l'heure présente. (*Vive Zola ! — A bas les antisémites ! — Vivent les Juifs ! — Vive la Sociale ! — Vive l'Internationale ! — Conspuez Drumont !*) Quoiqu'il ne nous convienne pas de nous appesantir sur les tristes incidents qui ont troublé la conscience publique durant ces dernières semaines, je crois devoir commencer ici par une déclaration qui sera d'accord avec les sentiments intimes du plus grand nombre d'entre vous et conforme aux principes que nous avons toujours défendus devant vous. Nous n'aurons garde d'oublier, aujourd'hui, qu'en tête de notre devise figure le mot de Patrie... (*Applaudissements. — Sifflet. — Vive la Sociale ! — Vive l'internationale !*) ... un mot que nous ne laisserons pas biffer de la langue française. (*A bas l'armée ! — Vive l'armée ! — Vive la Sociale !*)

Messieurs les socialistes, je ne saurais pas plus vous laisser insulter l'armée que vous laisser blasphémer la patrie. (*Applaudissements.* — *Sifflet.*)

Nous sommes, ici, Messieurs, — et, pour ma part, je crois avoir donné assez de preuves d'indépendance d'esprit — nous sommes, ici, respectueux de toutes les convictions ; mais il est une chose que nous prétendons maintenir au-dessus de la diversité de nos opinions, au-dessus de toutes nos querelles : c'est l'honneur de l'armée. (*Applaudissements.* — *Bruit.* — *Esterhazy ! A bas le uhlan !*)

J'espère, Messieurs, que, sur ce point, nous serons unanimes. (*Applaudissements.* — *Un assistant : Vive le roy ! — Rires.*)

Cela dit, Messieurs, et dit bien haut, je viens à l'objet de notre réunion. Nous avons le plaisir d'inaugurer, aujourd'hui, devant vous, la quatrième série de nos conférences pour la jeunesse des écoles. (*Un assistant : Elles sont propres ! — Rires et bruit.*)

Quatre années, Messieurs, pour une œuvre comme la nôtre, je crois pouvoir dire que c'est presque de la longévité... (*Un assistant : ...De la sénilité ! — Un assistant : Gaga !*)

Les fées les plus bienveillantes qui auraient assisté à notre première réunion dans cette salle ne nous auraient certainement pas promis une aussi longue carrière. (*Vive Zola ! — Vive Drumont ! — Conspuez Zola ! — Vive Germinal ! — Vive la Sociale ! — C'est Drumont, Drumont, Drumont, c'est Drumont qu'il nous faut, oh ! oh ! oh ! oh !*)

Nous avons voulu rester en contact avec la jeunesse des Ecoles, et c'est pour cela que nous avons tenu à ce que les portes de cette salle restassent ouvertes à tous les étudiants. (*Bruit.*) On n'a qu'à voir et à entendre ces Messieurs pour comprendre que nous n'avons pas fait la salle. (*Rires.*)

Nous aimons la jeunesse, surtout la jeunesse qui

sait être jeune de cœur et d'âme (*Vive la Sociale !*), la jeunesse qui a encore des sentiments généreux, la jeunesse qui travaille, qui pense, qui cherche et qui se passionne pour les grands problèmes moraux et sociaux. Voilà celle à laquelle nous faisons appel. (*Applaudissements.*)

Vous allez entendre, ce soir, un orateur que vous avez déjà applaudi dans cette salle, M. Charles Wagner (*Applaudissements*), un des esprits les plus élevés (*Ah ! ah !*) et un des cœurs les plus larges de ce temps, un homme toujours prêt à mettre sa chaude parole au service de toutes les nobles causes (*Vive Zola !*), un homme avec lequel je m'honore d'avoir, l'hiver dernier, fait campagne, dans cette même salle, pour les Arméniens et pour les chrétiens d'Orient abandonnés par l'égoïsme de l'Europe. (*Applaudissements.*)

La parole est à M. Wagner. (*Applaudissements. — Sifflet. — Chants.*)

Un assistant. — C'est aussi beau qu'à l'Opéra !

CONFÉRENCE DE M. CH. WAGNER

UNE ALLIANCE
CONTRE L'ESPRIT SECTAIRE

Mesdames, Messieurs, l'entière liberté que laisse à tous ses orateurs le Comité qui a organisé ces conférences, me procure pour la deuxième fois le plaisir d'entendre le plus merveilleux orchestre dont jouisse Paris (*Rires*) et en même temps de m'adresser à cet auditoire. Que le Comité et son Président veuillent bien recevoir à ce sujet mes plus vifs remerciements!

Un pendant à l'alliance russe.

En me demandant de quelle façon nous pourrions le mieux occuper cette heure, je me suis arrêté à l'idée de vous parler d'un pendant à l'alliance russe. (*Oh ! oh !*)

Il paraîtrait bien qu'on a quelque motif de se méfier des pendants.

Un peintre de mes amis avait coutume de dire : « Ne faites jamais de pendants ! » Mais quand on lui en demandait la raison, il produisait cet argument qui n'a guère de rapport avec la peinture ; « Vous voyez bien à quoi mène la manie de faire des pendants : nous avions fait le Suez, cela ne nous suffisait pas, il fallait un pendant, et nous avons produit, quoi ? Le Panama. » (*Un assistant : C'est le Panama militaire aujourd'hui.*)

Malgré cet argument victorieux, je viens ce soir vous proposer un pendant à l'alliance russe.

Lors des belles fêtes dont chacun se souvient, une chose surtout me frappa, chose rare et qui ne s'était pas vue depuis de longues années : *tous les Français étaient d'accord.* C'est en somme de cela que je me réjouissais le plus. A pleines brassées, je nageais dans les flots d'un enthousiasme unanime... sans y plonger toutefois, et prenant bien soin de laisser la tête hors de l'eau pour ne pas perdre l'habitude de m'en servir, ce qui devient un accident assez commun.

Je m'en servis pour méditer sur ce qui se passait et pour me dire : «Oui, certes, c'est une bonne chose que d'avoir pour allié ce grand peuple et d'être, grâce à cette amitié, sorti d'un isolement pénible et dangereux. Mais une telle alliance peut-elle suffire ? N'en appelle-t-elle pas une autre ? Et si cette deuxième alliance tarde à se conclure, la première porterat-elle tous ses fruits? Ne sera-t-elle pas peut-être frappée de stérilité ?

L'idée que je conçus ce jour-là me hante depuis lors. Je ne puis m'en débarrasser et je ne le désire pas. Si j'en avais le pouvoir, je la répandrais partout, je l'inspirerais à tous mes concitoyens. Car cette alliance il nous la faut, tout nous la conseille, tout nous y pousse !

Mais quelle alliance? — me direz-vous; car ceci a de quoi vous intriguer. Alliance avec quel peuple? Grand ou petit? aux cheveux blonds, aux cheveux noirs? enveloppé des brumes du Nord ou réchauffé au soleil du Midi? Peut-être faites-vous des conjectures ? Et je ne suis pas étonné que d'aucuns se préparent à protester.

Faites-moi crédit de quelques instants. Armez-vous, quoique ce soit là un article démodé, armez-vous d'un minimum de patience. Je dirai tout. Vous ne partirez pas sans avoir entendu le nom du peuple dont j'ai le dessein de vous proposer l'alliance. J'ose même me flatter que lorsque vous connaîtrez et le nom de ce peuple et les bonnes et solides raisons que nous avons de conclure avec lui un pacte offensif et défensif, vous serez tous satisfaits, à moins que vous n'ayez le caractère mal fait, ce qu'il serait malicieux de supposer.

Les conditions d'une alliance féconde.

Une alliance, pour être pratique, doit reposer sur des intérêts communs, de nombreux points de contact dans l'idée et dans le fait. Si elle peut s'inspirer de souvenirs, c'est mieux encore. Et si elle a quelque chance de pouvoir compter sur un avenir lointain, sa force et son prestige en seront accrus. Toutes ces conditions sont réalisées par le peuple auquel je pense. Ses frontières se confondent avec les nôtres, nous avons un passé commun quoique très agité, plein de fluctuations et de luttes. À bien des reprises nous en sommes venus aux mains, nous avons durement cogné les uns sur les autres. Et ce n'est pas fini. Cependant nous avons des intérêts semblables; les mêmes dangers nous menacent. Si de nombreuses questions nous divisent, nous tenons les uns aux autres par des liens innombrables, liens naturels que tout nous engage à cultiver et à fortifier. Ni des haines anciennes déjà, ni des offenses regrettables, ni un amour-propre légitime, ni des convictions dissemblables, ardentes, militantes, ne doivent nous empêcher de réaliser un rapprochement plus que désirable, nécessaire.

Je sais bien que ce peuple a des défauts, des défauts graves, et tout l'Univers les connaît. Mais ces défauts, pour laids qu'ils soient, se recommandent à notre indulgence : ils ressemblent aux nôtres.

Ce peuple, ce pays, tenez, j'aime mieux vous le dire tout de suite, quitte à vous exposer mes raisons après. Je ne suis pas cachotier et, qui sait? peut-être êtes-vous curieux? Donc lâchons le mot! Ce pays, c'est la France! L'alliance que je viens proposer ici est une alliance entre Français. (*Ah! ah! Rires; cris d'animaux.*)

Une alliance entre Français.

M. LE PRÉSIDENT. — Montrez-vous Français, là-bas ! (*Applaudissements.*)

M. Ch. WAGNER. — Une alliance entre Français ! Ai-je besoin de dire pourquoi? Les faits sont là, criants, hurlants. Chaque jour ne vient-il pas depuis des années nous apporter des preuves nouvelles comme quoi cette alliance, la plus indispensable de toutes, n'existe pas. Quelques-uns, si vous la leur proposiez, vous répondraient avec hauteur et mépris : « Une alliance entre Français sans distinction de parti ou d'épithète, entre tous les Français sans exclure personne. Mais vous n'y pensez pas ! Ce serait la plus incroyable promiscuité, la pire des mésalliances ! » Voilà où nous en sommes. (*Bruit. Chant de la « Carmagnole ». L'orateur s'assoit quelques instants en attendant le silence.*)

A quoi cela peut-il bien tenir ? Y a-t-il donc tant d'obstacles à l'entente entre les enfants de ce pays ? Leurs tendances d'esprit sont-elles si opposées, leurs intérêts pratiques si irréductibles ? Non, ce qui empêche l'alliance entre Français, par-dessus les barrières de leurs opinions rivales, c'est un ennemi spécial, un ennemi intérieur et le pire de tous à l'heure actuelle : *c'est l'esprit sectaire.* (*Applaudissements.*)

L'esprit sectaire.

Nous avons sous son inspiration adopté un genre de vie néfaste. Toute idée de quelque portée, tout intérêt de quelque surface, dans le domaine politique, social, religieux, nous est devenu un prétexte pour nous retrancher de nos concitoyens, pour nous barricader derrière une forteresse bien gardée d'où nous considérons le reste comme nul et non avenu. L'esprit sectaire est un esprit étroit et absolu. Il ne lui suffit pas de s'affirmer, il faut qu'il nie autrui. En science, il dit : la vérité, c'est moi. En religion : c'est moi le salut. En politique : la sagesse, le droit, la justice, c'est moi. Quant au patriotisme, pour une secte bien née, il consiste à dire : la France, c'est nous ! Les sectes ont beau différer entre elles, se distinguer les unes des autres, tracer leurs fossés de séparation, s'exécrer scrupuleusement, elles se ressemblent comme des sœurs. On les reconnaît à l'ardeur avec laquelle elles se calfeutrent et se verrouillent, à la suffisance qui éclate dans leurs formules et leurs gestes, au dédain superbe dont leurs fidèles abreuvent le commun des hommes. Dans chacune d'elles ceux qui se gardent avec le plus de soin du contact avec les tendances contraires, de tout ce qui pourrait ressembler à une concession ou amener un rapprochement, sont décorés du nom de purs. En eux s'incarne et fleurit ce qu'ils nomment volontiers l'*esprit de corps*. Quant à moi, plus je regarde les sectes, plus une comparaison s'impose à moi. Chacune d'elles m'apparaît comme un bocal hermétiquement clos, étiqueté avec un soin jaloux, muni de sa marque de fabrique et de l'inévitable avis : « Se méfier des contrefaçons. » « La maison n'est pas au coin du quai. »

Et vous appelez cela de l'*esprit de corps*. Je vais vous dire ce que c'est que cet esprit-là : ce n'est pas l'esprit de corps, c'est l'esprit de cornichon ! (*Oh ! oh ! Rires, bruits ; triple salve d'applaudissements.*)

Les fruits de l'esprit sectaire.

On nous dit de juger l'arbre à ses fruits. Examinons quelques-uns des fruits de l'esprit sectaire.

Le premier de ces fruits est une inqualifiable ignorance (*Oh ! oh !*) de ce qui se passe chez l'adversaire ; de ses intentions, de ses qualités ou de ses défauts. En effet, quand on est d'un bocal qui se respecte, on n'aspire pas à savoir ce qui se passe dans le bocal d'à côté. Une curiosité malsaine et saugrenue, tentation mauvaise des esprits mal assurés, pourrait seule nous conduire à faire des excursions chez le voisin. Que peut-il venir de bon de ce côté-là ? Rien ! *A priori*, tout est mauvais, faux, condamnable. S'en informer serait une faiblesse et presque une infidélité. L'ignorer est une force. Quel argument péremptoire à opposer à un antagoniste et qui vaut mieux que de laborieux raisonnements : « Monsieur, je ne vous connais pas. »

De l'ignorance à la méfiance, il n'y a qu'un pas. L'inconnu fait peur. L'obscurité est favorable à l'éclosion des imaginations terrifiantes. Le voisin qu'on ne connaît pas, dont systématiquement on évite la rencontre, devient facilement un suspect. Volontiers on lui attribue de noirs desseins, surtout si l'on s'en remet du soin d'être renseigné sur son compte à un tiers intéressé. (*Bruit, chants, tumulte.*)

Un assistant. — Ça se passe en famille, ne faites pas attention ! (*Les chants continuent, de plus en plus discordants.*)

M. Charles Wagner. — Ah ! c'est faux ! Au moins, si vous voulez chanter, chantez juste ! (*Applaudissements.*) Je ne suis pas musicien, mais je n'aime pas entendre des canards ! (*Cris d'animaux. — M. le Président agite longuement la sonnette pour réclamer le silence.*) — *Un assistant: Anatole rigole ! — Rires. — A bas l'armée ! A bas les Juifs ! A bas la patrie ! — Laissez-nous entendre l'orateur, au moins ! — A bas l'Académie !*)

M. le Président. — Messieurs de là-haut, soyez spirituels, au moins ! — (*Un assistant : Vive Zola ! —. Cris : A bas Zola !*)

M. Ch. Wagner. — Eh bien, Messieurs de l'orchestre, si vous voulez bien, nous allons continuer... Ce tiers, dans l'organisation sectaire, pullule comme un microbe malfaisant. C'est le courtier, le colporteur de nouvelles, l'entrepreneur de cancans, le négociant en scandales. Sceptique, roué, capable de tout, ce courtier-Protée qui travaille par la plume, la parole, et à qui tous les moyens semblent bons, s'engraisse aux dépens de tous. Il se sert des uns pour faire peur aux autres, cultive les méfiances, sème les rancunes, attise les mauvais sentiments, vit de l'universelle division. Le courtier aujourd'hui est tout-puissant, il fait ce qu'il veut. Par leur ignorance, leur méfiance réciproquo, leur facilité à tout croire sur le compte de l'adversaire, les sectes lui appartiennent. Il n'a même plus besoin de faire des efforts d'imagination : la crédulité publique est à son comble. Plus il ment, mieux il se fait admettre. (*Applaudissements.*)

Ah la crédulité ! quel fruit prodigieux de l'esprit sectaire ! Les fortes têtes s'apitoient sur les anciens, pauvres gens qui croyaient aux fables, aux miracles, dont l'esprit mal éclairé pouvait admettre par exemple qu'une baleine eût avalé un homme. Nous avons fait des progrès. Des mythes étranges circulent parmi nous ; des rumeurs insensées se transmettent et s'accréditent ; des fumisteries gigantesques ont réussi à tel point qu'il a fallu que les imposteurs ouvrent eux-mêmes les yeux à leurs dupes. En vérité, dans ce siècle de lumières, les feuilles publiques ont si bien fait l'instruction de leurs clients qu'elles pourraient leur raconter sans crainte qu'un homme vient d'avaler une baleine. (*Rires.*) Pourvu qu'il s'agisse d'un adversaire, cela passerait comme une lettre à la poste. Dans ces conditions, que devient la justice ? Elle disparaît. Le sectaire s'est extirpé le sens du juste et de l'injuste comme les coureurs carthaginois s'extirpaient la rate. Jamais il n'examine un fait en lui-même, dans ses éléments simples afin d'en tirer les conclusions que la conscience indique ou la raison. Comme l'organisme de certains malades transforme tout aliment en graisse, ou en sucre, son intelligence transforme tout fait, quel qu'il soit, en arguments pour sa cause et contre ses adversaires. Les événements les plus simples deviennent le point de départ des plus étranges interprétations. Il n'est plus possible de dire une parole ou d'accomplir un acte sans qu'ils soient dénaturés. Une parole, la même parole est mauvaise ou bonne, une action, la même action est coupable ou licite et même glorieuse, selon que c'est un partisan ou un adversaire qui a dit la parole ou accompli l'action. Il ne s'agit plus de savoir qui vous êtes et ce que vous valez, mais avec qui vous êtes et d'où vous sortez.

Incapable de juger sainement les hommes et les choses, l'esprit sectaire prive ses fanatiques de la faculté de se juger eux-mêmes et leur enlève ainsi cet avantage moral de premier ordre qui consiste à pouvoir reconnaître ses torts. Qu'une voix se lève dans l'intérieur de la secte pour critiquer un abus, signaler une tare. Il suffit : c'est un ennemi qui parle, un intrus aux gages de l'adversaire. La voix est étouffée. Lentement il s'amasse ainsi, dans ces milieux clos et séparés, une provision de pourriture cachée. Les éléments nocifs ne s'éliminent plus, la secte est menacée de périr par auto-intoxication.

Mais le plus triste fruit de l'esprit sectaire, c'est une tendance caractérisée au démembrement. Armés de leurs scies imbéciles, les sectaires émondent et nettoient l'arbre vert et touffu de la nation. Quiconque n'est pas des leurs n'est pas du bois sain. Il faut le retrancher. Une secte conséquente avec elle-même aspire à être tout l'arbre à elle seule, à en absorber la sève entière. Tout ce qui va à d'autres branches est du suc perdu. Nous le connaissons de vieille date, le travail de cet esprit-là. Il a par diverses fois si bien taillé dans le vif que le tronc en a saigné jusqu'au cœur et de vieilles cicatrices sont là pour dire avec quelle fureur a opéré ce jardinier de malheur.

Prenons garde de lui livrer une fois de plus la patrie à mutiler ! Il relève la tête, il aiguise sa serpe. Ne dirait-on pas, à entendre le langage de quelques-uns, que l'avenir du pays exige l'écrasement de tel parti, de tel groupe de citoyens ? Et c'est à se demander si ces gens qui vocifèrent, s'excommunient, se traitent réciproquement de bouc émissaire, sont véritablement nés sur le même sol, nourris à la même mamelle par la même mère patrie, ou s'ils sont venus là de lointaines planètes aux magnétismes contraires, apportant avec eux des natures incompatibles, d'invincibles antipathies. (*Bruit. — Applaudissements.*)

Conséquences de l'esprit sectaire dans la vie publique.

La vie publique que l'esprit sectaire nous a fournie est un danger perpétuel. Elle ne cesse d'amasser des matériaux de discorde, elle empêche les rouages naturels de la société de fonctionner en paix, elle rend impossible tout progrès, neutralise tout généreux effort, énerve l'opinion, amène à la surface et pousse au premier plan les éléments intransigeants, violents, brouillons, et rejette dans l'ombre les hommes de labeur, de bon sens, les capables et les pacifiques de toutes les classes et de toutes les opinions. Le bruit va augmentant, la besogne utile en diminuant. C'est la lutte stérile, le piétinement sur place. Il en est qui s'en réjouissent et se frottent les mains. Les bons citoyens s'en affligent comme de la chose du monde la plus douloureuse. C'est le cœur angoissé qu'ils voient au rempart de la vie nationale grandir, se prolonger, s'élargir de profondes lézardes. Qui nous dit qu'au jour du danger extérieur ces lézardes se refermeront comme par enchantement ! Il serait téméraire d'y compter ou de penser qu'avec des alliés puissants nous ferions face aux périls. Et d'ailleurs, à quoi sert de repousser l'ennemi extérieur si l'ennemi du dedans nous terrasse? Cet ennemi, c'est l'esprit sectaire qui nous ronge et nous désagrège. Périr par lui serait plus misérable que de périr vaincu par la force et le nombre, et si le choix m'en était imposé, j'aimerais mieux être dévoré par les lions que mangé par la vermine ! (*Bravos.*)

L'esprit sectaire
est contraire à notre tempérament.

Au surplus, ce vilain esprit qui règne et souffle, ce roi du jour acariâtre et mesquin n'est pas conforme à notre tempérament. L'esprit français est bienveillant, large, lumineux. Il sait entendre des raisons et discuter des motifs. Il n'est pas chercheur de petite bête, pédant, inquisiteur. Il comprend la plaisanterie, voire même la critique et l'opposition. Et surtout il a un immense besoin et un immense pouvoir de sympathie. On nous dit légers. Nous ne le sommes pas autant qu'on le pense. Mais nous aimons le rire franc, la gaieté amie de l'homme. Nous sommes naturellement portés à la confiance, malgré de cruelles leçons. La haine, chez nous, est le résultat d'un dressage artificiel. Quand nous allons où le cœur nous porte, c'est plutôt à l'amour et à la bonté. Cela est si vrai que lorsque par hasard une occasion s'offre de fraterniser entre citoyens de divers partis sur un terrain commun, nous sommes si heureux qu'il nous semble que quelque chose de l'âme de la patrie ait passé dans notre âme.

Nous laisserons-nous altérer l'humeur, empoisonner le sang ? Non, ce ne sera pas ! Je propose une alliance entre Français. Cassons les bocaux, sortons du vinaigre des partis, et tendons une main d'association à tous les hommes de bonne volonté. (*Applaudissements prolongés.*)

Objection.

Ici se présente une objection. Vous me direz : Alors vous voulez tout concilier, confondre les rangs, effacer les groupes et leurs divergences, tout noyer dans la grisaille ? — Nullement. Les groupements sont nécessaires et la lutte aussi. Je tiens qu'il faut avoir une opinion et qu'il faut être de cette opinion, car il y a beaucoup de gens qui ont une opinion et qui n'en sont pas. (*Applaudissements.*) Mon idéal n'est pas de remplacer la mêlée des sectaires par la tourbe des neutres. Il ne faut pas aspirer à supprimer le combat, c'est l'esprit du combat qu'il faut changer. Nous combattons comme des escarpes ; je veux que nous combattions comme des chevaliers !... (*Applaudissements redoublés. — Bruit, tumulte.*)

Le combat fécond.

La lutte est nécessaire ; c'est une des formes de la vie. L'homme ne l'a pas inventée ; elle ressort de l'ensemble des lois sous lesquelles nous vivons et doit se produire dans tous les domaines de l'activité humaine. (*Bruit. — Chant de la « Carmagnole ». — A bas les Juifs !*)

M. LE PRÉSIDENT. — Vous ne faites pas honneur à votre bocal, Messieurs ! (*Rires. — A bas les Juifs ! — A bas les vendus ! — Vive Zola ! — A bas les capitalistes ! — Redoublement de sonnette. — Un chic à Zola ! — Conspuez Zola, conspuez ! — Vive Zola ! — A bas Esterhazy ! — Laissez parler !*)

M. CHARLES WAGNER. — La lutte est nécessaire, les groupements sont nécessaires. Chaque parti politique ou autre lorsqu'on le considère non à sa surface, mais dans sa raison d'être, répond à une fonction vitale. De même que, dans un organisme, il y a des fonctions diverses et d'un caractère souvent opposé comme l'assimilation et la désassimilation, de même dans le corps social il y a des fonctions très différentes, en apparence contraires, mais également essentielles. Les groupements rivaux avec leurs tendances caractéristiques sont la forme sociale de cette division du travail que la science et l'industrie appliquent et dont la nature donne le spectacle universel.

L'erreur des sectaires est de vouloir ériger une fonction quelconque en fonction unique, exclusive. Il ne leur suffit pas d'avoir une raison d'être, ils entendent avoir raison tout seuls. Ils ne luttent pas pour leur place dans l'ensemble, pour faire valoir un intérêt estimable à côté d'autres intérêts qui le sont également : ils réclament toute la place. La cause qu'ils défendent est la vraie, la seule. Ainsi, non seulement ils jettent le trouble dans le mécanisme général, mais ils remplissent mal l'office dont pourtant ils se chargent avec une extrême arrogance. Leur action est outrée, maladive, et n'engrène pas avec les rouages voisins.

Jeu normal des groupes rivaux.

Tout autre est le résultat du jeu normal de groupes rivaux qui ont conscience de leurs devoirs respectifs et des services que, chacun à son poste, ils ont à rendre au corps social.

Prenons, par exemple, l'exercice des deux grandes fonctions qui frappent l'observateur aussitôt qu'il se met à regarder le mouvement économique, politique, intellectuel ou moral de n'importe quel pays. J'ai nommé la fonction conservatrice et la fonction rénovatrice. Les sectaires s'en emparent et en font d'irréconciliables ennemies. Ils posent ce dilemme : ou bien ce sont les hommes du passé ou bien ce sont les hommes de l'avenir qui l'emporteront. Il ne saurait y avoir de pacte fécond ni même de *modus vivendi* entre ces deux masses.

La vérité est que la fonction conservatrice et la fonction rénovatrice sont aussi capitales l'une que l'autre. Elles ne sont pas faites pour s'entre-détruire, mais pour s'équilibrer dans leur lutte même qui, sous cette forme supérieure, est une collaboration.

La fonction conservatrice.

La fonction conservatrice a pour objet de maintenir le travail et la peine du passé. (*Un assistant : Et le présent?* — *Bruit; chants.*) Le monde ne date pas d'hier. A moins d'admettre qu'avant une certaine date de notre histoire il n'y ait eu sur notre territoire que des malfaiteurs et des imbéciles (ce qui serait pour nous-mêmes une preuve de corruption et d'imbécillité héréditaire et incurable), il faut penser qu'il y a du bon dans le vieux patrimoine humain et national, et qu'il vaut la peine de le garder avec soin. C'est pour remplir cette fonction de sagesse, de prudence, de piété filiale qu'il y a des conservateurs. Sans la fonction conservatrice, il n'y aurait ni cohésion historique, ni stabilité. Tout serait à recommencer perpétuellement. Un peuple sans souvenirs, sans traditions, sans pieux respect pour ses ancêtres, un peuple qui ne retient pas les leçons de l'histoire, n'a pas plus de consistance que le sable du désert. Le premier ouragan le balaie, le déplace, le disperse, ou le rassemble ailleurs. Il est en proie aux fluctuations subites, aux changements incohérents et sa tradition à lui devient la mobilité vaine sans raison et sans but. Mais plus il s'agite et divague, plus il change, plus c'est la même chose.

Il n'y en a qui n'aiment pas les conservateurs, qui les accusent de tout le mal dont nous souffrons. (*A bas les conservateurs !*) Ils désireraient qu'il n'y en eût point, et cependant où est le pays qui pourrait vivre sans eux? (*A bas la patrie ! — Bruit prolongé. — L'orateur s'assoit.*)

M. LE PRÉSIDENT. — Vous me préviendrez quand vous serez disposés à écouter. Voyons, Messieurs les socialistes, montrez-vous un peu bien élevés, faites honneur à votre bocal ! (*Rires.*)

M. Ch. Wagner. — Les conservateurs remplissent à un certain point de vue des fonctions d'une modestie extrême. Par leurs scrupules, leur répugnance à laisser quelque chose tomber au rebut, ils me rappellent les chiffonniers qui ramassent tout ce qui peut servir encore. Cela n'est pas toujours glorieux. On risque de se faire traiter de maniaque et de récolter de l'ingratitude. Et pourtant ! S'il y a tant de gens dans ce monde qui ne savent pas distinguer une perle d'un grain de mil et qui jetteraient des trésors au panier, ne faut-il pas se féliciter qu'il y ait d'autre part des gens vigilants pour empêcher ces sottises ou pour aller chercher et retirer du panier, où elles furent étourdiment jetées, tant de bonnes vieilles choses qui viennent de plus loin que nos courtes idées et qui iront plus loin qu'elles ? (*Applaudissements.*)

La fonction rénovatrice.

Mais si la vie est impossible sans la fonction conservatrice, elle l'est tout autant sans la fonction rénovatrice. (*Bruit. — Cris et chants.*)

Un assistant. — Je suis socialiste, et je trouve honteux que des étudiants français se conduisent comme cela ! (*Applaudissements ; tumulte. — Vous êtes socialiste, vous ! — Parfaitement. — Tapage.*)

M. Charles Wagner. — Messieurs, personne ne vous dérange. Je vous prête une oreille attentive chaque fois que vous chantez. Laissez-moi parler un peu. Entre camarades, vous ne pouvez pas moins faire ! C'est un échange de bons procédés. (*Bruit.*)

M. le Président. — La conférence n'est pas obligatoire. Les portes sont ouvertes ; la sortie est libre ! (*Un assistant : Allez au beuglant à côté ! — Tumulte.*)

M. Charles Wagner. — La fonction rénovatrice a pour but... (*Vacarme.*)

M. le Président. — Vous auriez grand besoin des

leçons de la conférence de M. Wagner. Il y en a plus
d'un, parmi ceux même d'entre vous que j'entends
protester là-bas, qui semble sympathiser avec les
idées qu'exprime l'orateur; sachez l'écouter; vous
auriez tout profit à l'entendre. (*Parfaitement! — Applaudissements.*) Vous interrompez, et vous ne compre-
nez pas.

Un assistant. — J'ai lu ton livre et je ne sympathise
pas avec tes idées.

M. le Président. — Je ne sais pas si mes livres
gagneraient beaucoup à votre approbation. Je vous
remercie, en tout cas, jeune homme, de me faire
l'amitié de me tutoyer. (*Rires.*)

M. Charles Wagner. — Abandonné à lui-même, l'effort conservateur aboutirait au maintien éternel du
statu quo, au marasme, à la momification. Il est toujours
tenté de sacrifier au passé les droits du présent et
surtout ceux de l'avenir. En un mot, il risque de tomber de la fonction conservatrice dans la routine conservatrice, ce qui est tout autre chose. Conserver malgré tout, envers et contre tous, rien de plus mauvais.
Mais les hommes sont ainsi faits qu'ils ne sauraient
longtemps remplir un office quel qu'il soit, sans se
mécaniser. A la longue, ils perdent l'esprit de leur
travail et n'en gardent que la lettre. Or, la lettre tue. Le
passé doit nous aider à vivre et non nous empêcher
de vivre; qu'il soit le bâton qui nous soutient, non
la massue dont on nous assomme ! (*Applaudissements.*)

C'est ici que, pour contre-balancer les intérêts
assis, les formes fixes des institutions, les lignes
figées de la pensée humaine, pour reprendre et continuer l'œuvre après tout fragmentaire et relative de
nos devanciers, pour rouvrir les questions, élargir les
horizons, intervient la fonction rénovatrice. Elle est
remplie par des groupes orientés autrement que les
groupes conservateurs, pratiquant une autre méthode, possédant un autre tempérament. Pour ceux-

là tout n'est pas fait, ni dit, ni pensé. Il reste à faire immensément, et sur certains points presque tout. Devant la fonction rénovatrice, l'état présent du monde est en déficit; elle aspire à mieux. Elle y aspire avec ardeur, avec passion et elle y met les mains.

Nécessité d'une entente entre les conservateurs et les hommes du progrès.

Vous qui êtes appliqués à conserver ce qui a été et ce qui est, vous devez nécessairement trouver gênants ceux qui luttent contre vous pour ce qui sera demain. Mais s'ils sont vos adversaires, ils ne sont pas vos ennemis. Avec vous ils collaborent au but supérieur qui est plus élevé que vous et qu'eux-mêmes. Vous les voudriez plus calmes, plus patients : ils vous désireraient plus vifs. On ne changera ni leur allure, ni la vôtre. Vos forces respectives sont faites pour se compléter, et j'ajouterai vos égoïsmes sont destinés à se limiter, se corriger mutuellement. Sans les hommes du progrès, le train marcherait au pas, et encore ! Sans vous, conservateurs, nous irions d'une allure d'enfer : le train volerait en pièces. Souffrez qu'ils chauffent la machine, mais tenez-vous au frein et les uns et les autres prenez exemple sur les gens du métier. Pensez-vous que le garde-frein et les hommes de la locomotive se trouveraient bien d'être à couteaux tirés ? Ne vaut-il pas mieux qu'ils se respectent dans leurs offices contraires ? Alors même qu'ils n'auraient souvent à se dire que l'un : « Tu vas trop vite ! » l'autre : « Tu serres trop fort », qu'ils se le disent avec courtoisie, sans injures ni accompagnement de pugilat. Les voyageurs ne s'en porteront que mieux. (*Bravos.*)

Mon avis est que d'ans tous les domaines du travail national, dans l'organisation entière de notre vie matérielle et spirituelle, ceux qui vont de l'avant ne

so rencontrent pas assez avec ceux qui sont à la mé-
canique. C'est un malheur : il est réparable. Pour le
réparer, il suffit d'élever la vue au-dessus de l'espace
restreint où chacun se meut, pour envisager l'ensemble vers lequel tendent nos efforts. Comprendre qu'un
homme de conviction, un honnête et brave citoyen
puisse faire son devoir envers le pays tout en nous
combattant, et sans que pour cela il doive nous
reprocher de ne pas remplir le nôtre, voilà le point de
vue auquel l'heure nous invite à monter. S'élever à
ce point de vue, c'est acquérir le véritable *esprit de
corps*. Inspiré par lui, la lutte nécessairement est
dominée par le souvenir persistant de la grande solidarité nationale. Une lutte semblable ne détruit ni la
cohésion, ni le respect mutuel, ni l'esprit de justice,
ni la clairvoyance. Elle vous dispose au contraire à
apprendre de l'adversaire. Or, personne, à moins qu'il
ne soit un sectaire aveuglé de fanatisme, ne peut dire
qu'il n'ait rien à apprendre de l'adversaire. C'est là
que les meilleurs, les plus convaincus, les plus fer-
mes ont pris de tout temps leurs plus précieuses
leçons. Elles ne furent pas toujours gratuites, mais
regretterons-nous le prix dont se paie la sagesse?
(*Bruit. — Cris : A la porte! — Tapage.*)

Voilà la nécessité et le bien fondé de ces fonctions
que l'esprit sectaire ne reconnaît pas, et, par consé-
quent, il arrive que ceux qui les exercent se considè-
rent les uns les autres comme des adversaires, mais,
au fond, ils sont collaborateurs; ils concourent à la
même œuvre, et c'est là ce dont il faudrait se souvenir. (*Bruit et chants. — Longue interruption.*)

Un assistant (*s'adressant au Président*). — Voici quatre
ans que vous nous sacrifiez à vingt braillards. Si
vous nous préférez ces gens-là, eh bien ! nous nous
en irons. Il y a dans le bas de la salle bien plus de
jeunes gens tranquilles qu'il n'y en a là-haut de tapageurs. Mettez les braillards à la porte; ou bien, Mon-

sieur, j'irai moi aussi faire du bruit avec eux !

M. LE PRÉSIDENT. — Je vous invite, Monsieur, à venir, à nos réunions privées.

L'ASSISTANT (*au milieu du tumulte*). — Vous appelez cela se mettre en contact avec la jeunesse ! Ce n'est pas vrai ! La jeunesse est ici en bas. Il y a mille jeunes gens tranquilles pour un braillard ! Moi qui viens ici pour prendre des notes, ça me dégoûte ! (*Bravo! Applaudissements.*)

M. LE PRÉSIDENT. — Vous avez raison. Je vous invite encore une fois à venir aux conférences privées qui vont avoir lieu, dès ce mois-ci, à la rue de Trévise. Venez-y, Monsieur : nous serons très heureux de vous y voir. En attendant, ne faites pas de bruit vous-même. Laissez l'orateur continuer.

Résultats de la lutte loyale entre adversaires qui se respectent.

M. CHARLES WAGNER. — Lorsque les bons procédés que je recommande entre compatriotes qui appartiennent à différents partis, sont employés, on fait du bon travail, même sur les terrains litigieux, à plus forte raison dans les questions sur lesquelles il ne peut y avoir qu'une voix parmi les honnêtes gens. (*Applaudissements.*) Ces questions-là, au milieu du vacarme des sectes, sont délaissées. On a bien d'autres chats à fouetter. D'abord exterminons les adversaires, ensuite nous verrons ! Il y a de graves questions dans chaque pays et à chaque époque. Elles réclament toute l'équité et toute la clairvoyance des concitoyens, le maximum de bonne volonté et d'efforts associés dont ils sont capables. A l'heure actuelle leur nombre est légion, mais elles pourrissent sur place. Pourquoi cela? (*Bruit persistant. — Chant de la « Carmagnole »*).

M. LE PRÉSIDENT. — Messieurs, voulez-vous me

permettre un mot? Vous me réduisez à vous faire une déclaration sur laquelle il me sera fort difficile de revenir. Vous avez entendu ce que viennent de dire un certain nombre de nos auditeurs : ils nous reprochent de laisser faire du bruit. Remarquez, Messieurs, que nous ne contribuons au bruit que parce que nous avons laissé les portes ouvertes à toute la jeunesse des écoles. (*Un assistant : Ce ne sont pas des étudiants !*) — Nous avons voulu faire encore une expérience ; il dépend de vous, Messieurs, que cette expérience réussisse ou qu'elle ne réussisse pas. (*Applaudissements.*)

Nous avons déjà exclu, remarquez-le, et je vous avais prévenus en ami, nous avons été obligés d'exclure des personnes qui n'appartenaient pas aux écoles. Si vous ne vous montrez pas plus respectueux de la liberté de la parole, nous serons dans la nécessité de ne plus laisser entrer qu'avec une carte délivrée par notre Comité. (*Applaudissements. — C'est ce que vous auriez toujours dû faire.*)

UN ASSISTANT. — Vous n'aurez que de la claque, dans ces conditions-là !

M. LE PRÉSIDENT. — Monsieur, il n'y a pas de claque ici. Il y en a si peu, vous le voyez vous-même, que les hommes qui nous blâment de tolérer le bruit restent inertes à leur banc pendant que vous braillez ! (*Un assistant : En fait de claque, nous ne pouvons toujours pas aller les claquer ! — Rires.*)

Ainsi, Messieurs les tapageurs, il est entendu que la fin de cette réunion va décider si vous reviendrez ou si vous ne reviendrez pas. Vous avez le choix. Si vous vous conduisez d'une façon convenable, nous pourrons vous laisser les portes ouvertes. Sans cela, nous serons obligés de ne laisser entrer ici que les gens bien élevés. (*Applaudissements.*)

La parole est à l'orateur.

M. CHARLES WAGNER. — Je reprends : Pourquoi cela?

Le mal existe, et chacun le sait, mais il le rejette sur son adversaire. Les souffrances du peuple, l'éducation publique, la crise de l'agriculture, les affaires coloniales, les scandales financiers, toutes les questions qui préoccupent et agitent l'opinion exercent la logique sectaire. Dès qu'un événement regrettable se présente : « C'est la faute aux révolutionnaires ! C'est la faute aux socialistes ! C'est la faute aux cléricaux ! aux juifs ! » etc., selon la bande à laquelle on est inféodé, ou encore : « Depuis que nous avons cette gueuse de République, tout va mal ». « Jamais il n'y a eu autant de malheureux, de criminels, de maladies de la vigne, d'inondations, de catastrophes ». Quelle jolie méthode de penser ! quelle merveilleuse logique on composerait en collectionnant les raisonnements de ce genre, qui n'expliquent rien, ne prouvent rien, ne servent à rien et sont le triomphe de ceux qui les colportent !

Comme nous ferions de meilleure besogne en jetant au rebut ces récriminations sottes et injustes pour mettre les mains à la pâte avec tous ceux qui ne demandent pas mieux que de bien faire ! (*Applaudissements.*)

Conclusion.

Mais voilà, le travail fécond, le travail raisonnable est impossible au milieu du déchaînement des ardeurs sectaires, absolument comme il est impossible de développer une idée, de formuler quelque chose ou de faire une conférence, lorsque des jeunes gens qui pourraient aller s'amuser ailleurs, ont choisi votre salle pour venir s'y divertir de la manière la moins généreuse et la moins spirituelle possible. (*Triple salve d'applaudissements. — Sifflet.*)

Je veux, pour terminer, car cet amusement a assez duré... (*Un assistant : Quel est le sujet de la conférence ?*)

... vous donner... (*Un assistant : ... une leçon de convenance !*)... vous donner un exemple très pratique de la manière dont on fait de bon travail et de la manière dont on en fait de mauvais. Chacun de vous sait ce que c'est qu'une hache, n'est-ce pas, que la hache a un tranchant et qu'elle a un maillet. Eh bien, lorsqu'on veut faire entrer dans les esprits ses propres convictions, il faut s'y prendre comme s'y prend le bûcheron pour fendre le bois : il faut taper avec le tranchant, c'est-à-dire du côté spirituel, insinuant, pénétrant. L'esprit sectaire, lui, tape avec le gros bout. (*Applaudissements.*)

Et, Messieurs, de cette façon-là, vous ne fendrez jamais de bois; jamais vous n'arriverez à convaincre quelqu'un ni à faire un progrès. Le piétinement sur place dans lequel croupit notre pauvre pays est le résultat du déchaînement des fureurs sectaires qui ont pris la place de la tranquille raison et de la calme sagesse. Or, Messieurs, pour résoudre un problème, un gramme de bon sens vaut mieux qu'une tonne de passions et qu'une montagne d'injures. (*Applaudissements redoublés. — Bruit.*)

Et, maintenant, puisque je suis père de famille et que je pourrais avoir des fils de l'âge de ces jeunes gens musiciens... je n'en serais, d'ailleurs, pas flatté (*Rires*), permettez-moi de toucher une petite question d'éducation. Je n'en veux pas trop à ces Messieurs du bruit qu'ils me font : l'éducation n'est pas faite par les enfants, elle est faite par les parents, et je crois que ce sont nos aînés qui, en se battant d'une manière aveugle les uns contre les autres, en laissant trop souvent régner la violence qui divise, au lieu de rechercher la raison qui unit, nous ont donné une éducation d'énergumènes, une éducation d'après laquelle celui qui braille le mieux, passe pour le plus fort. Mais, Messieurs, ce n'est pas de cela qu'il s'agit dans le monde. Vous savez que la première grosse caisse, qui n'a pas de cervelle, aurait raison de toute une troupe d'enfants comme vous.

Vous êtes au commencement de la vie : la plupart d'entre vous, je le suppose, désirent servir leur patrie. (*Bruit.*) Il y en a que ce mot semble irriter; à quoi aspirent-ils alors? Je leur fais l'honneur de penser qu'ils aspirent à être des hommes, sans doute, c'est bien le moins, des membres utiles de la société. Tous, vous voulez servir une cause enfin... (*Vive la Sociale! — Vive l'armée!*)

Je vous dirai donc pour terminer que la meilleure manière de servir une cause est de mettre à sa disposition toutes les lumières et toute l'équité dont on est capable. Les coups aveugles ne la font pas avancer. S'ils font du mal aux adversaires au moment où vous les portez, ils vous font, par leurs suites, plus de mal encore. Il y a une façon de travailler contre le bon droit des autres, dont la conséquence inévitable est de saper nos propres bases. Tout se tient en ce monde. L'iniquité se pratique contre tous, même contre ceux dont elle satisfait les rancunes; la justice se pratique pour tous, même pour ceux dont elle heurte le sentiment. (*Applaudissements.*)

Voilà les idées directrices par lesquelles une démocratie doit marcher pour vivre. Il y a une éducation publique à refaire dans un esprit d'apaisement, de large solidarité nationale. Quand les pères se la seront appliquée sérieusement, elle se transmettra aux enfants d'elle-même. Et au lieu de faire de nos fils des recrues de l'esprit sectaire, plus intraitables et pires que nous, nous les ferons grandir dans l'esprit de l'alliance. Ils ne seront plus tentés alors, malheureuses victimes d'une seule idée, de conspuer et de huer tous ceux qu'ils ne comprennent pas et de prendre un adversaire politique pour un malfaiteur public. L'image de la patrie leur rendra supportable la figure de leurs compétiteurs, et sous l'écorce du rival ils verront un concitoyen et un frère. (*Bruit. — Applaudissements.*)

Je crois à l'esprit de l'alliance parce que je crois à l'avenir. La gourme sectaire nous passera et nous réapprendrons le culte de la France idéale et de son génie si riche par ses contrastes mêmes.

Nous vivons sur un merveilleux territoire qui, du Nord au Midi, présente la plus étonnante variation de produits et de climats. Sur ce territoire, des peuples divers, des races disparates se sont rencontrés au cours des siècles. De leurs frottements, de leur commune fermentation, cette nation est sortie pleine de fougue et de contrastes, pleine d'aspirations et de qualités contradictoires. Le choc des opinions et des intérêts y a plus d'une fois provoqué le choc des armes. Des convulsions terribles ont signalé son développement comme autant d'accidents d'une longue et pénible éducation. Que, dans un milieu qui a traversé tant d'orages, les idées, les institutions, les intérêts se heurtent encore avec quelque fracas, c'est inévitable. (*Bruit. — Applaudissements.*)

Mais la France nouvelle a, pour s'éclairer, les leçons de l'histoire. L'histoire, sous les rencontres formidables des éléments rivaux, nous indique une synthèse qui s'élabore. Elle nous montre, à travers tant de crises, un génie national, qui douloureusement se crée, le génie de la France. Dans ce génie lumineux, il y a bien des rayons. Le sectaire voudrait les réduire à un seul, teint de sa propre couleur. Mais celui qui aime ce grand pays veut la palette totale, l'arc-en-ciel complet. Il aime la France dans tous ses enfants, dans tous ses souvenirs, dans toutes ses espérances, dans toutes ses douleurs et toutes ses gloires.

Croyons à cette France; fraternisons sous sa noble et pacifique bannière ! (*Applaudissements.*)

Par delà les sombres vapeurs qui voilent le chemin, par delà l'éclipse momentanée que l'esprit sectaire lui fait subir, dans sa splendeur idéale, saluons la Patrie! Vive la France, la France intégrale, la France unie! (*Longue salve d'applaudissements.*)

M. LE PRÉSIDENT. — Je n'ai qu'un regret, Messieurs, c'est que vous n'ayez pas tous pu entendre les enseignements si élevés que vient de nous donner M. Wagner. Jamais la France et jamais la jeunesse n'en ont eu plus besoin. (*Applaudissements.*)

La séance est levée (1).

(1) Sténographié par Gustave Duployé, 36, rue de Rivoli.

PARIS. — IMPRIMERIE F. LEVÉ, RUE CASSETTE, 17.

LA RÉFORME SOCIALE

REVUE BI-MENSUELLE

Fondée par F. LE PLAY, en 1881.

Avec la collaboration de MM. Ant. D'ABBADIE, Paul ALLARD, J. ANGOT DES ROTOURS, F. AUBURTIN, Albert BABEAU, Paul BAUGAS, H. BEAUNE, BÉRENGER, A. BÉCHAUX, G. BLONDEL, V. BOOISIC, Victor BRANTS, J. CAZAJEUX, E. CHEYSSON, A. DES CILLEULS, A. DELAIRE, Ch. DEJACE, Arthur DESJARDINS, Paul DESJARDINS, Ernest DUBOIS, E. DUTHOIT, ETCHEVERRY, G. FA-GNIEZ, FOURNIER DE FLAIX, FOUGEROUSSE, FUNCK-BRENTANO, Albert GIGOT, Ernest GLASSON, Louis GUIBERT, GRUNER, Urbain GUÉRIN, HUBERT-VALLEROUX, J. IMBART DE LA TOUR, Henri JOLY, Armand JULIN, Clément JUGLAR, J. LACOINTA, LAGASSE, René LAVOLLÉE, Léon LEFÉBURE, Albert LE PLAY, Anatole LEROY-BEAULIEU, E. LEVASSEUR, Raphaël-Georges LÉVY, Paul DE LOYNES, DU LUÇAY, DU MAROUSSEM, Jules MI-CHEL, A. MOIREAU, L. OLLÉ-LAPRUNE, G. PICOT, O. PYFFEROEN, A. RAFFALOVICH, J. RAMBAUD, Ch. DE RIBBE, Eugène ROS-TAND, Santangelo SPOTO, René STOURM, Victor TURQUAN, Maurice VANLAER, WELCHE, etc., etc.

La Réforme sociale étudie les problèmes économiques et sociaux qui tiennent aujourd'hui le premier rang dans les préoccupations de l'opinion publique. Elle en demande la solution à l'observation des faits et à la pratique des lois morales, selon la méthode de F. Le Play, en dehors de tout esprit de parti et de toute théorie préconçue. Elle préconise tout un ensemble de réformes dont le cours des événements démontre de plus en plus l'urgente nécessité, et auxquelles se rallient chaque jour les esprits les plus éminents. Grâce à la sympathie grandissante que lui a témoignée le public éclairé, elle a pu, en commençant sa troisième série, prendre des développements considérables.

La Réforme sociale paraît le 1er et le 16 de chaque mois par fascicule in-8º de 80 pages, et forme par an deux forts volumes de 900 à 1,000 pages chacun, complétés par des tables analytiques.

Une bibliographie méthodique analyse, au point de vue social, tous les recueils périodiques importants de la France et de l'étranger, ainsi que les publications nouvelles. Par cette innovation, *la Réforme sociale* est devenue le guide le plus utile pour ceux que leur profession ou leurs études obligent à être rapidement et sûrement renseignés sur le mouvement social contemporain.

Conditions d'abonnement. — France, un an, **20** fr. ; six mois, **11** fr. — Union postale : un an, **25** fr.; six mois, **14** fr. — En dehors de l'Union postale, port en plus.

Les membres des Unions de la Paix sociale reçoivent *la Réforme sociale* en retour de leur cotisation annuelle de **15** fr.

Bureaux: Rue de Seine, 54.